Impressum
Verlag: BABADADA GmbH, Nedderfeld 112 , 22529 Hamburg
Geschäftsführer / Verlagsleitung: Harald Hof
Druck: Books on Demand GmbH, In de Tarpen 42, 22848 Norderstedt

Imprint
Publisher: BABADADA GmbH, Nedderfeld 112 , 22529 Hamburg, Germany
Managing Director / Publishing direction: Harald Hof
Print: Books on Demand GmbH, In de Tarpen 42, 22848 Norderstedt

škola

l'école

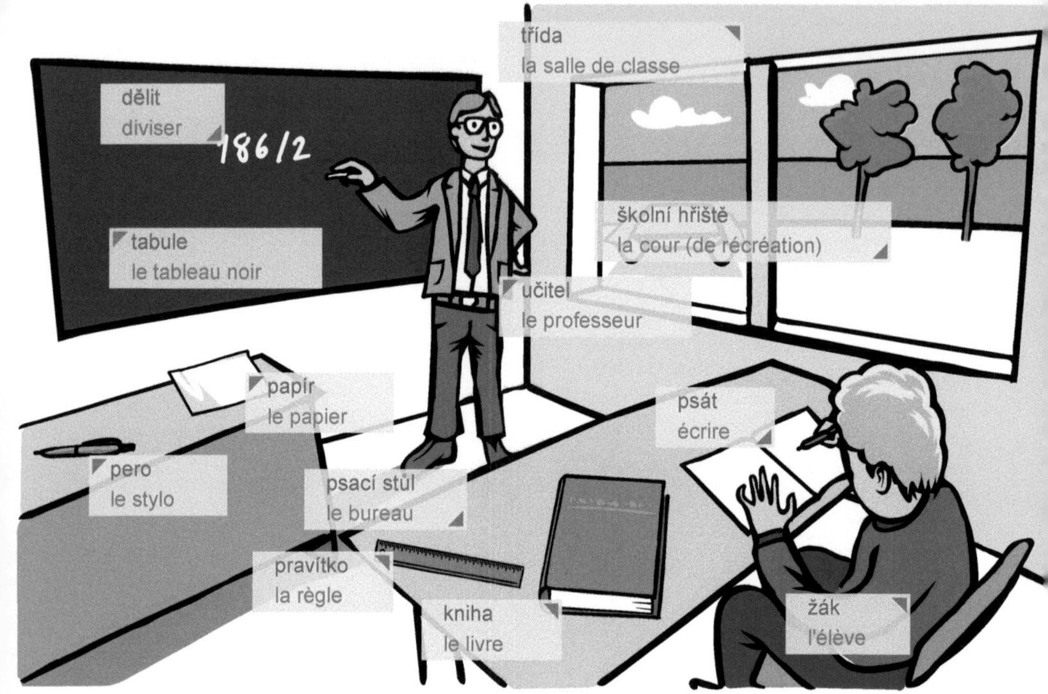
třída
la salle de classe
dělit
diviser
186/2
tabule
le tableau noir
školní hřiště
la cour (de récréation)
učitel
le professeur
papír
le papier
psát
écrire
pero
le stylo
psací stůl
le bureau
pravítko
la règle
kniha
le livre
žák
l'élève

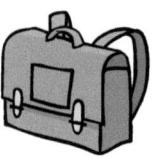

aktovka

le cartable

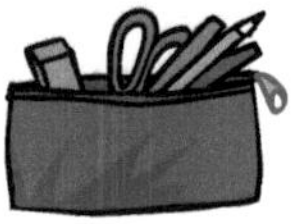

penál

la trousse

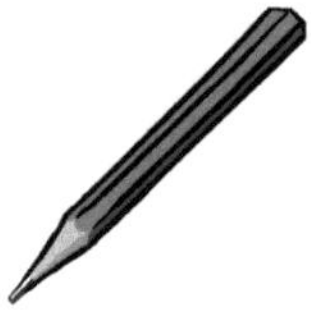

tužka

le crayon

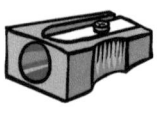

ořezávátko

le taille-crayon

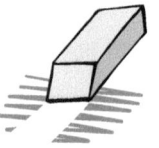

guma

la gomme

blok na kreslení

le carnet à dessin

výkres

le dessin

štětec

le pinceau

malířské potřeby

la boîte de peinture

nůžky

les ciseaux

lepidlo

la colle

cvičebnice

le cahier d'exercices

domácí úkol

les devoirs

počet

le chiffre

2+2

sčítat

additionner

5-2

odčítat

soustraire

násobit

multiplier

počítat

calculer

A

písmeno

la lettre

ABCDEFG
HIJKLMN
OPQRSTU
VWXYZ

abeceda

l'alphabet

slovo

le mot

text
....
le texte

číst
....
lire

křída
....
la craie

hodina
....
la leçon

třídní kniha
....
le livre de classe

zkouška
....
l'examen

vysvědčení
....
le certificat

školní uniforma
....
l'uniforme scolaire

vzdělání
....
la formation

encyklopedie
....
le lexique

univerzita
....
l'université

mikroskop
....
le microscope

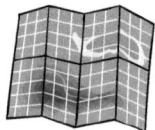

karta
....
la carte

odpadkový koš na papír
....
la corbeille à papier

škola - l'école

cesta
le voyage

hotel
l'hôtel
Grand
ubytovna
l'auberge
ROOMS
směnárna
le bureau de change
CHANGE
kufr
la valise
auto
la voiture

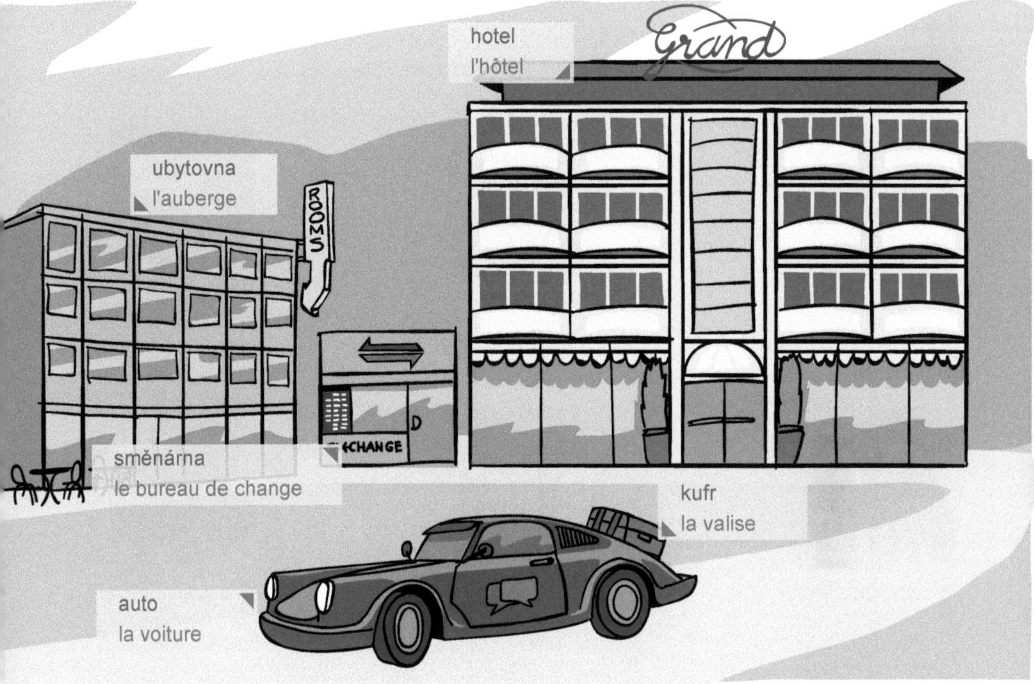

jazyk

la langue

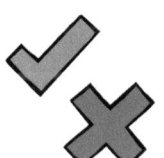

ano / ne

oui / non

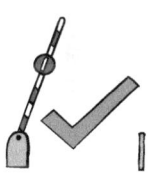

oukej

d'accord

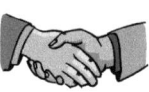

Ahoj!

Salut

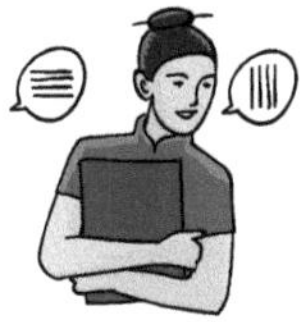

překladatel

l'interprète

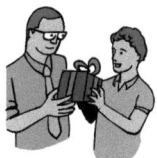

děkuji

merci

Kolik stojí...?

Combien coûte...?

nerozumím

Je ne comprends pas

problém

le problème

Dobrý večer!

Bonsoir !

Dobré ráno!

Bonjour !

Dobrou noc!

Bonne nuit !

na shledanou

Au revoir

směr

la direction

zavazadlo

les bagages

taška

le sac

batoh

le sac-à-dos

host

l'hôte

pokoj

la pièce

spací pytel

le sac de couchage

stan

la tente

turistické informace

l'office de tourisme

pláž

la plage

kreditní karta

la carte de crédit

snídaně

le petit-déjeuner

oběd

le déjeuner

večeře

le dîner

jízdenka

le billet

výtah

l'ascenseur

poštovní známka

le timbre

hranice

la frontière

clo

la douane

poselství

l'ambassade

vízum

le visa

pas

le passeport

transport

le transport

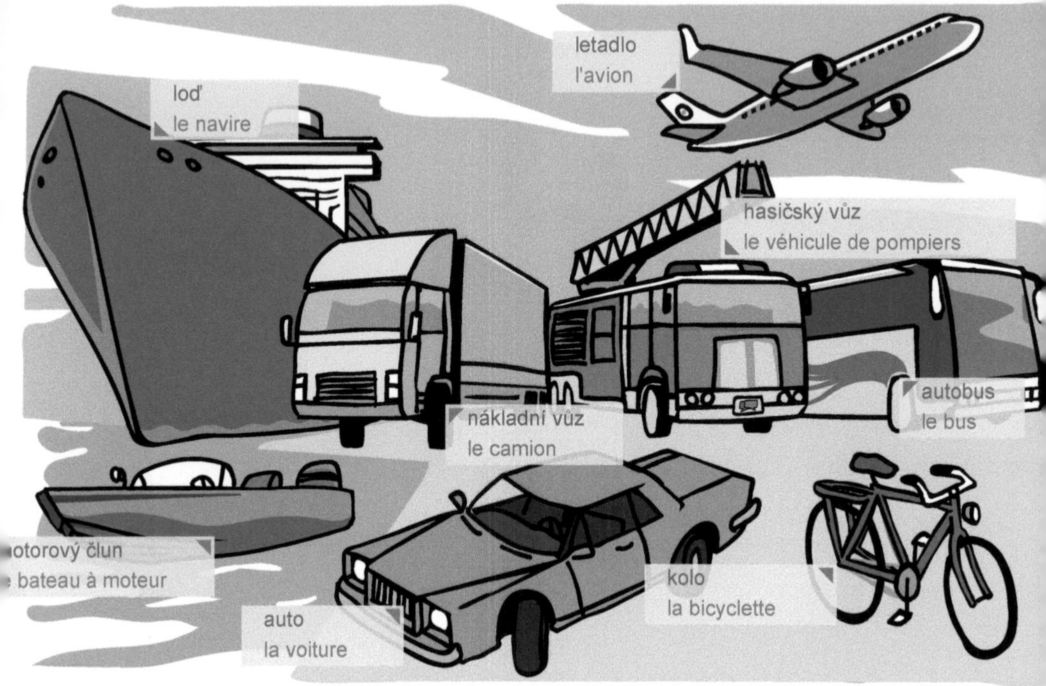
letadlo
l'avion
loď
le navire
hasičský vůz
le véhicule de pompiers
autobus
le bus
nákladní vůz
le camion
otorový člun
bateau à moteur
kolo
la bicyclette
auto
la voiture

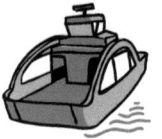

přívoz

le ferry

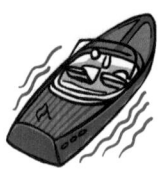

člun

la barque

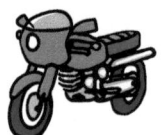

motorka

la moto

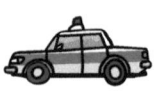

policejní auto

la voiture de police

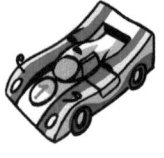

závodní auto

la voiture de course

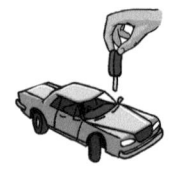

pronajaté auto

la voiture de location

sdílení aut

l'auto-partage

odtahová služba

la voiture de remorquage

popelářský vůz

la benne à ordures

motor

le moteur

palivo

l'essence

čerpací stanice

la station d'essence

dopravní značka

le panneau indicateur

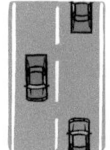

doprava

le trafic

dopravní zácpa

l'embouteillage

parkoviště

le parking

vlakové nádraží

la gare

koleje

les rails

vlak

le train

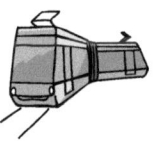

tramvaj

le tramway

vagón

le wagon

helikoptéra

l'hélicoptère

letiště

l'aéroport

věž

la tour

pasažér

le passager

kontejner

le conteneur

kartón

le carton

trakař

le chariot

koš

la corbeille

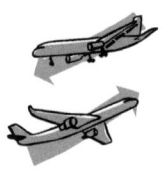

vzlétnout / přistát

décoller / atterrir

město
la ville

vesnice

le village

střed města

le centre-ville

dům

la maison

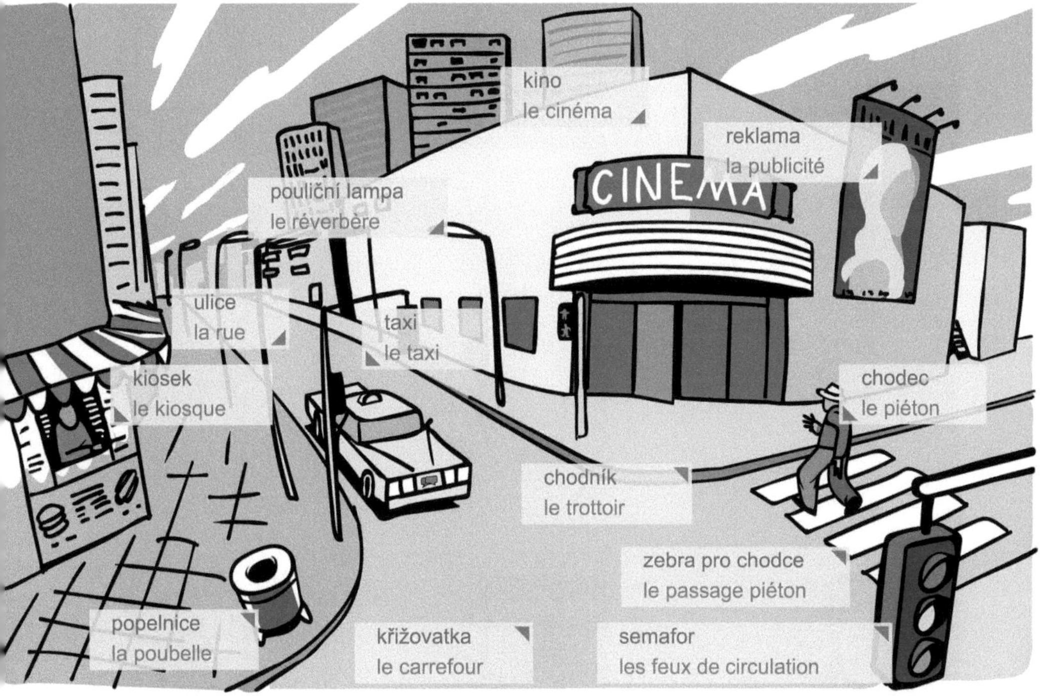

kino
le cinéma

reklama
la publicité

pouliční lampa
le réverbère

CINEMA

ulice
la rue

taxi
le taxi

kiosek
le kiosque

chodec
le piéton

chodník
le trottoir

zebra pro chodce
le passage piéton

popelnice
la poubelle

křižovatka
le carrefour

semafor
les feux de circulation

chata

la cabane

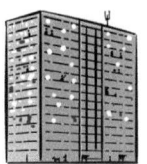

byt

l'appartement

vlakové nádraží

la gare

radnice

la mairie

muzeum

le musée

škola

l'école

univerzita

l'université

banka

la banque

nemocnice

l'hôpital

hotel

l'hôtel

lékárna

la pharmacie

kancelář

le bureau

knihkupectví

la librairie

obchod

le magasin

květinářství

le fleuriste

supermarket

le supermarché

tržnice

le marché

obchodní dům

le grand magasin

rybárna

la poissonnerie

nákupní centrum

le centre commercial

přístav

le port

park
le parc

lavička
la banque

most
le pont

schody
les escaliers

metro
le métro

tunel
le tunnel

autobusová zastávka
l'arrêt de bus

bar
le bar

restaurace
le restaurant

poštovní schránka
la boîte à lettres

pouliční tabule
le panneau indicateur

parkovací hodiny
le parcmètre

zoo
le zoo

plovárna
le réverbère

mešita
la mosquée

usedlost
la ferme

znečišťování životního prostředí
la pollution

hřbitov
la cimetière

církev
l'église

hřiště
l'aire de jeux

chrám
le temple

krajina
le paysage

list
la feuille

rozcestník
le panneau indicateur

cesta
le chemin

louka
le pré

kámen
la pierre

turista
le randonneur

strom
l'arbre

řeka
la rivière

tráva
l'herbe

květina
la fleur

údolí

la vallée

hora

la montagne

jezero

le lac

les

la forêt

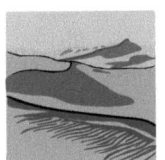

poušť

le désert

sopka

le volcan

zámek

le château

duha

l'arc-en-ciel

houba

le champignon

palma

le palmier

komár

le moustique

moucha

la mouche

mravenec

les fourmis

včela

l'abeille

pavouk

l'araignée

brouk

le coléoptère

žába

la grenouille

veverka

l'écureuil

ježek

le hérisson

zajíc

le lièvre

sova

la chouette

pták

l'oiseau

labuť

le cygne

divoké prase

le sanglier

jelen

le cerf

los

l'élan

přehrada

le barrage

větrné kolo

l'éolienne

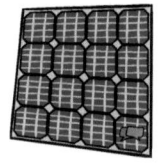

solární panel

le panneau solaire

podnebí

le climat

číšník
le serveur

jídelní lístek
le menu

židle
la chaise

polévka
la soupe

pizza
la pizza

příbor
les couverts

ubrus
la nappe

předkrm
les hors d'œuvre

hlavní chod
le plat principal

dezert
le dessert

nápoje
les boissons

jídlo
l'alimentation

láhev
la bouteille

rychlé občerstvení

le fast-food

pouliční občerstvení

les plats à emporter

čajová konvice

la théière

cukřenka

le sucrier

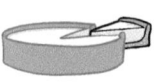

porce

la portion

kávovar na espresso

la machine à expresso

dětská stolička

la chaise haute

faktura

la facture

tác

le plateau

nůž

le couteau

vidlička

la fourchette

lžíce

la cuillère

čajová lyžička

la cuillère à thé

ubrousek

la serviette

sklenička

le verre

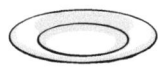

talíř

l'assiette

talíř na polévku

l'assiette à soupe

podšálek

la soucoupe

omáčka

la sauce

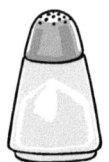

slánka

la salière

mlýnek na pepř

le moulin à poivre

ocet

le vinaigre

olej

l'huile

koření

les épices

kečup

le ketchup

hořčice

la moutarde

majonéza

la mayonnaise

supermarket
le supermarché

nabídka
l'offre promotionnelle
FOR
zákazník
le client
mléčné výrobky
les produits laitiers
ovoce
les fruits
nákupní vozík
le chariot

BUTCHERS

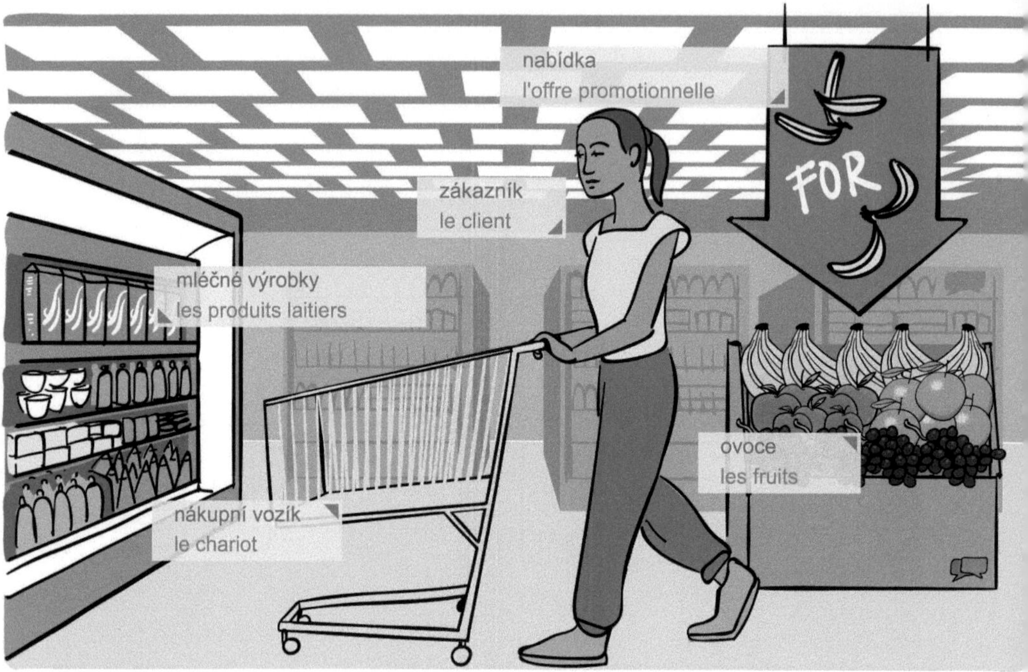

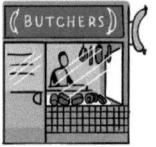

masna

la boucherie

BAKERY

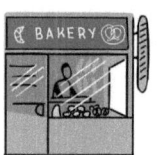

pekařství

la boulangerie

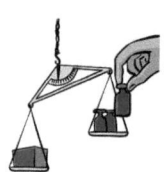

vážit

peser

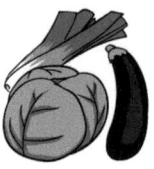

zelenina

les légumes

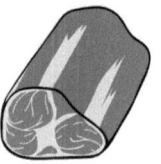

maso

la viande

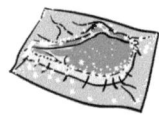

mražené potraviny

les aliments surgelés

obložený talíř

la charcuterie

konzervy

les conserves

prací prášek

la poudre à lessive

cukrovinky

les bonbons

výrobky pro domácnost

les articles ménagers

čisticí prostředek

les détergents

prodavačka

la vendeuse

pokladna

la caisse

pokladní

le caissier

nákupní seznam

la liste d'achats

otevírací doba

les heures d'ouverture

peněženka

le portefeuille

kreditní karta

la carte de crédit

taška

le sac

igelitová taška

le sac en plastique

les boissons

voda

l'eau

džus

le jus de fruit

mléko

le lait

kola

le coca

víno

le vin

pivo

la bière

alkohol

l'alcool

kakao

le chocolat chaud

čaj

le thé

káva

le café

espresso

l'expresso

kapučíno

le cappuccino

banán

la banane

jablko

la pomme

pomeranč

l'orange

meloun

le melon

citrón

le citron.

mrkev

la carotte

česnek

l'ail

bambus

le bambou

cibule

l'oignon

houba

le champignon

ořechy

les noisettes

těstoviny

les pâtes

špageti

les spaghetti

rýže

le riz

salát

la salade

hranolky

les pommes frites

americké brambory

les pommes de terre rôties

pizza

la pizza

hamburger

le hamburger

sendvič

le sandwich

řízek

l'escalope

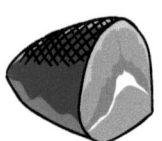

šunka

le jambon

salám

le salami

salám

la saucisse

kuře

le poulet

pečeně

le rôti

ryby

le poisson

ovesné vločky

les flocons d'avoine

müsli

le muesli

vločky

les cornflakes

mouka

la farine

croissant

le croissant

houska

les petits-pains

chléb

le pain

toast

le pain grillé

sušenky

les biscuits

máslo

le beurre

tvaroh

le fromage blanc

buchta

le gâteau

vejce

l'œuf

volské oko

l'œuf au plat

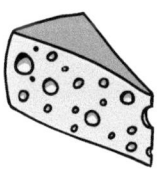

sýr

le fromage

zmrzlina

la glace

cukr

le sucre

med

le miel

marmeláda

la confiture

nugátový krém

la crème nougat

kari

le curry

usedlost
la ferme

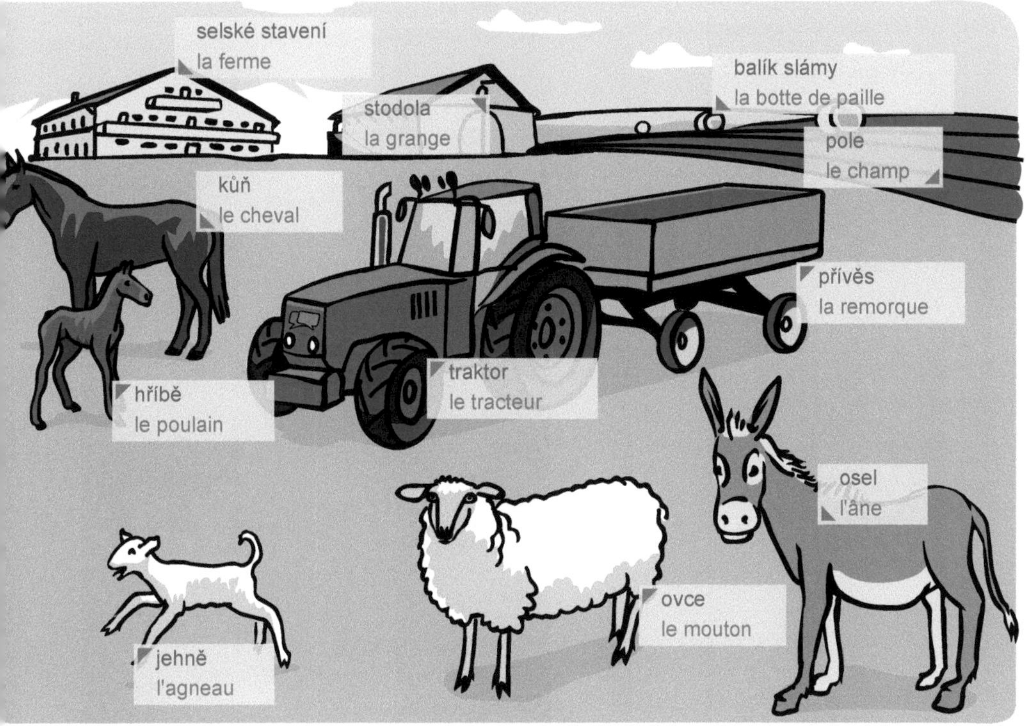

selské stavení
la ferme
stodola
la grange
balík slámy
la botte de paille
pole
le champ
kůň
le cheval
přívěs
la remorque
traktor
le tracteur
hříbě
le poulain
osel
l'âne
ovce
le mouton
jehně
l'agneau

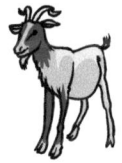

koza

la chèvre

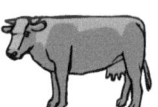

kráva

la vache

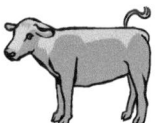

tele

le veau

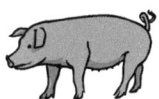

prase

le porc

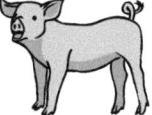

sele

le porcelet

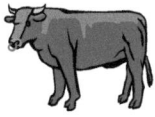

býk

le taureau

husa

l'oie

kachna

le canard

kuře

le poussin

slepice

la poule

kohout

le coq

krysa

le rat

kočka

le chat

myš

la souris

vůl

le bœuf

pes

le chien

psí bouda

le chenil

zahradní hadice

le tuyau de jardin

kropicí konev

l'arrosoir

kosa

la faucheuse

pluh

la charrue

srp

la faucille

motyka

la pioche

vidle

la fourche

sekera

la hache

kolecko

la brouette

koryto

la cuve

konev na mléko

le pot à lait

pytel

le sac

plot

la clôture

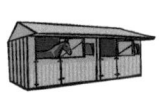

stáj

l'étable

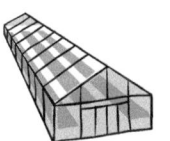

skleník

le serre

půda

le sol

osivo

les semences

hnojivo

l'engrais

kombajn

la moissonneuse-batteuse

sklidit

récolter

sklizeň

la récolte

smldinec

l'igname

pšenice

le blé

sója

le soja

brambora

la pomme de terre

kukuřice

le maïs

řepka

le colza

ovocný strom

l'arbre fruitier

maniok

le manioc

obilí

les céréales

dům
la maison

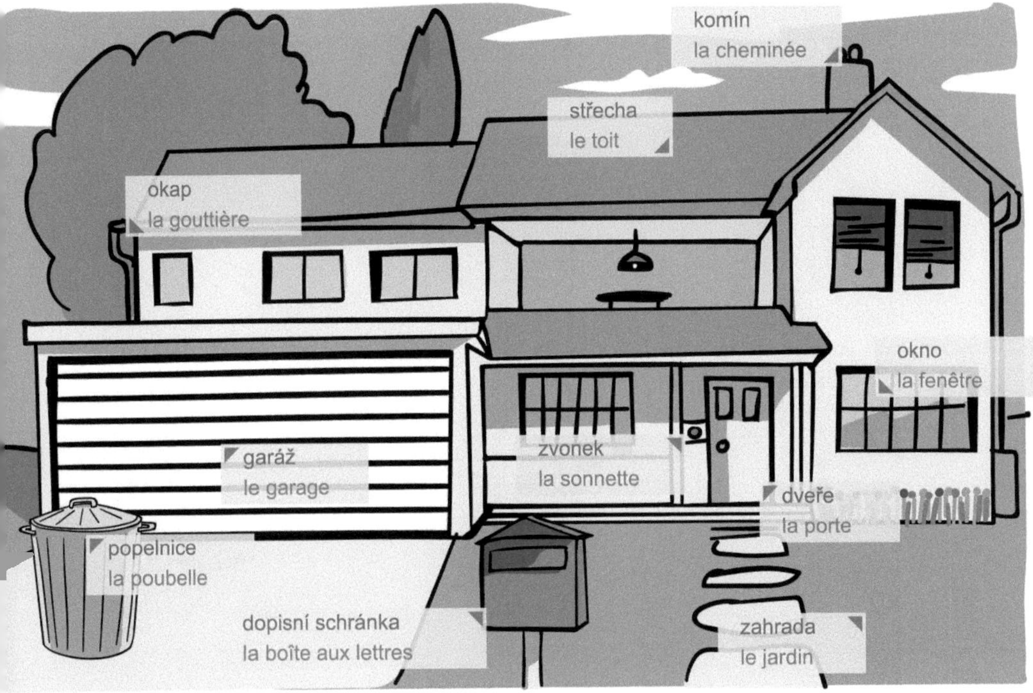
komín
la cheminée
střecha
le toit
okap
la gouttière
okno
la fenêtre
garáž
le garage
zvonek
la sonnette
dveře
la porte
popelnice
la poubelle
dopisní schránka
la boîte aux lettres
zahrada
le jardin

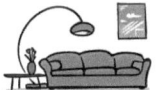

obývací pokoj

le salon

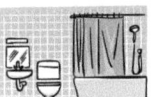

koupelna

la salle de bain

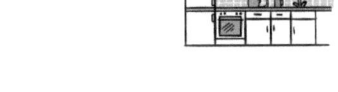

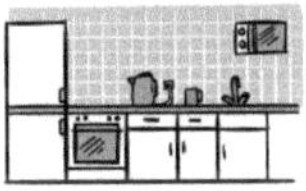

kuchyně

la cuisine

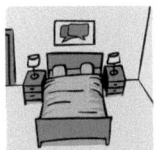

ložnice

la chambre à coucher

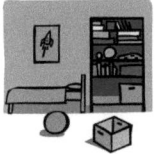

dětský pokoj

la chambre d'enfant

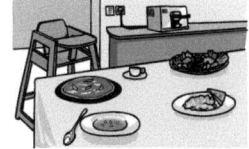

jídelna

la salle à manger

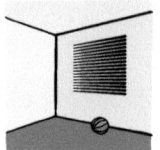

podlaha
le sol

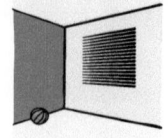

zeď
le mur

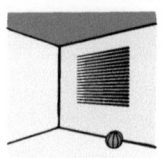

deka
le plafond

sklep
la cave

sauna
le sauna

balkón
le balcon

terasa
la terrasse

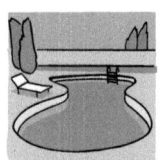

bazén
la piscine

sekačka na trávu
la tondeuse à gazon

ložní prádlo
la housse

lůžková přikrývka
la couette

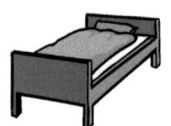

postel
le lit

smeták
le balai

kýbl
le sceau

vypínač
l'interrupteur

obývací pokoj
le salon

tapeta
le papier peint
obrázek
l'image
žárovka
la lampe
police
l'étagère
skříň
l'armoire
televizor
la télé
komín
la cheminée
květina
la fleur
polštář
le coussin
gauč
le sofa
váza
le vase
dálkový ovladač
la télécommande

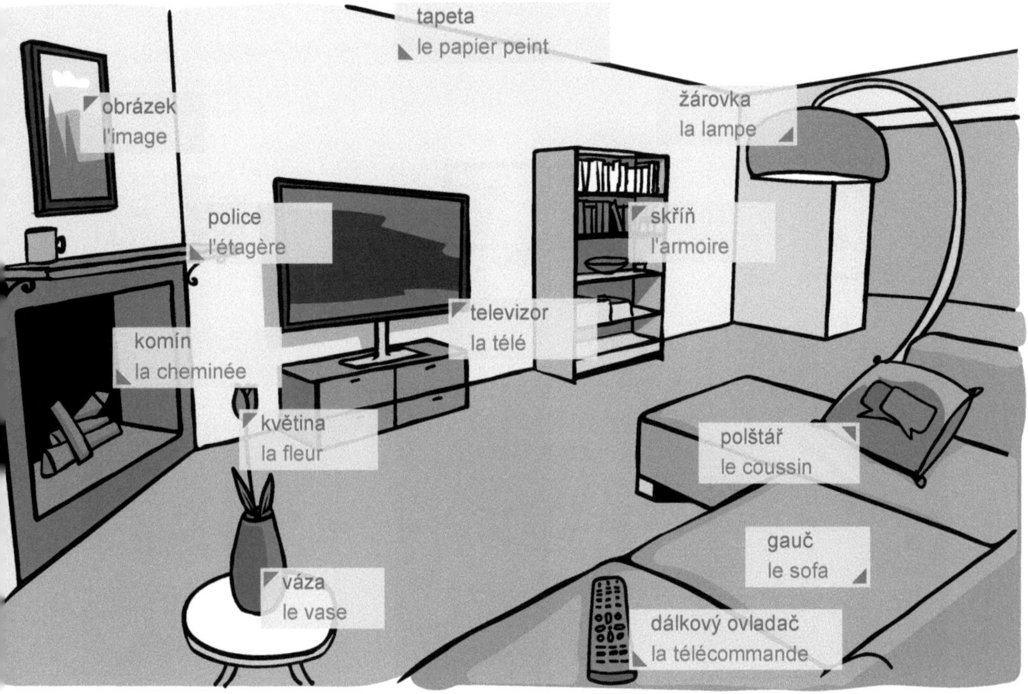

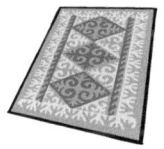

koberec

le tapis

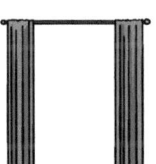

závěs

le rideau

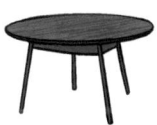

stůl

la table

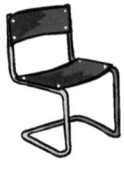

židle

la chaise

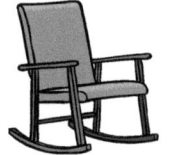

houpací křeslo

la chaise à bascule

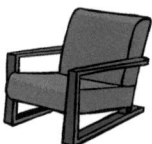

křeslo

le fauteuil

kniha

le livre

strop

la couverture

ozdoba

la décoration

palivové dříví

le bois de chauffage

film

le film

stereo souprava

la chaîne hi-fi

klíč

la clé

noviny

le journal

malba

la peinture

plakát

le poster

rádio

la radio

poznámkový blok

le bloc-notes

vysavač

l'aspirateur

kaktus

le cactus

svíce

la bougie

kuchyně
la cuisine

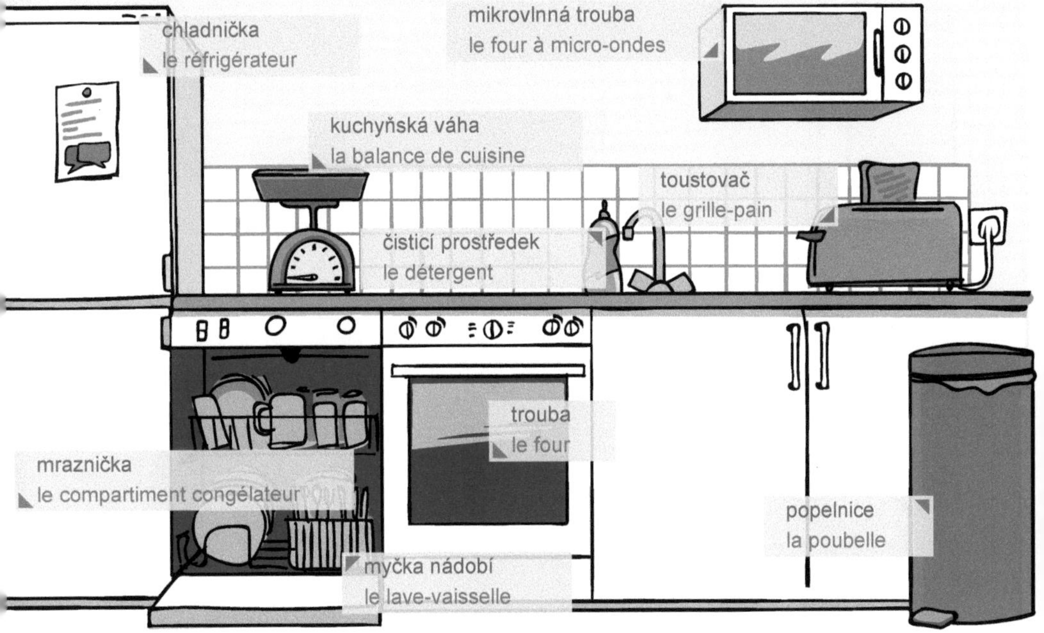

chladnička
le réfrigérateur
mikrovlnná trouba
le four à micro-ondes
kuchyňská váha
la balance de cuisine
toustovač
le grille-pain
čisticí prostředek
le détergent
trouba
le four
mraznička
le compartiment congélateur
popelnice
la poubelle
myčka nádobí
le lave-vaisselle

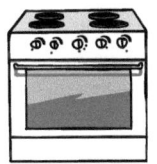

sporák

le four

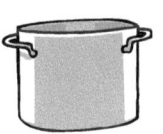

hrnec

la casserole

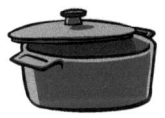

litinový hrnec

la marmite

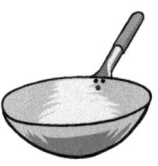

wok / kadai

le wok / kadai

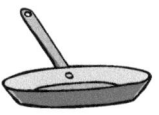

pánev

la poêle

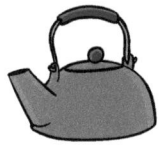

varná konvice

la bouilloire electrique

parní hrnec

le cuiseur vapeur

plech na pečení

la plaque de cuisson

nádobí

la vaisselle

hrnek

le gobelet

miska

la coupe

jídelní hůlky

les baguettes

naběračka

la louche

obracečka

la spatule

metla

le fouet

síto

la passoire

cedník

le tamis

struhadlo

la râpe

hmoždíř

le mortier

gril

le barbecue

ohniště

la cheminée

prkénko na krájení

la planche à découper

váleček na těsto

le rouleau à pâtisserie

vývrtka

le tire-bouchon

dóza

la boîte

otvírák na konzervy

l'ouvre-boîte

chňapka

les maniques

umyvadlo

le lavabo

kartáč na nádobí

la brosse

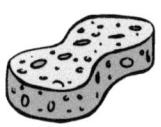

houba

l'éponge

mixér

le mixeur

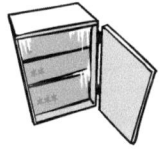

mrazák

le congélateur

dětská lahev

le biberon

kohoutek

le robinet

koupelna
la salle de bain

topení
le chauffage
ručník
la serviette
sprcha
la douche
sprchový závěs
le rideau de douche
pěnová koupel
le bain moussant
vana
la baignoire
sklenička
le verre
pračka
la machine à laver
kohoutek
le robinet
obkladačky
le carrelage
nočník
le pot
umyvadlo
le lavabo

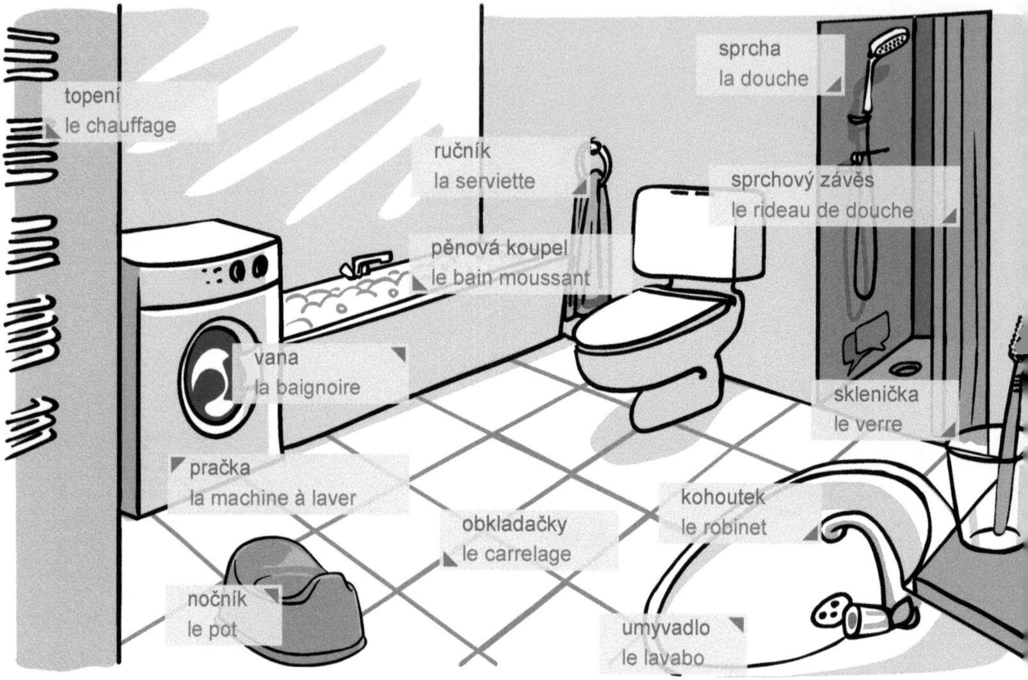

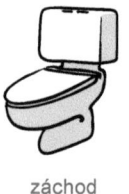

záchod

les toilettes

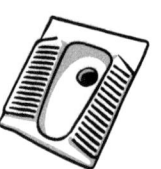

turecký záchod

la toilette à la turque

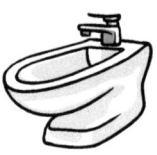

bidet

le bidet

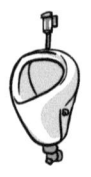

pisoár

l'urinoir

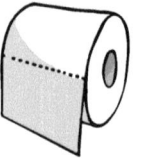

toaletní papír

le papier toilette

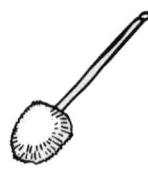

záchodová štětka

la brosse à toilette

zubní kartáček

la brosse à dents

zubní pasta

le dentifrice

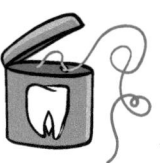

zubní niť

le fil dentaire

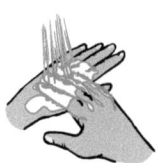

mýt

laver

ruční sprcha

la douche manuelle

intimní sprcha

la douche intime

umyvadlo

la vasque

kartáč na záda

la brosse dorsale

mýdlo

le savon

sprchový gel

le gel douche

šampón

le shampooing

žínka

le gant de toilette

odpad

l'écoulement

krém

la crème

deodorant

le déodorant

zrcadlo

le miroir

kosmetické zrcátko

le miroir cosmétique

holicí strojek

le rasoir

pěna na holení

la mousse à raser

voda po holení

l'après-rasage

hřeben

la peigne

kartáč

la brosse

fén

le sèche-cheveux

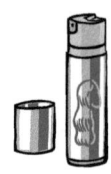

lak na vlasy

la laque pour cheveux

makeup

le fond de teint

rtěnka

le rouge à lèvres

lak na nehty

le vernis à ongles

vata

l'ouate

nůžky na nehty

le coupe-ongles

parfém

le parfum

aška s toaletními potřebami

la trousse de toilette

stolička

le tabouret

váha

le pèse-personne

župan

le peignoir

gumové rukavice

les gants de nettoyage

tampón

le tampon

dámská vložka

les serviettes hygiéniques

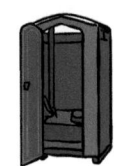

chemická toaleta

la toilette chimique

dětský pokoj
la chambre d'enfant

budík
le réveil
plyšová hračka
le doudou
autíčko
la voiture jouet
chrastítko
le hochet
domeček pro panenky
la maison de poupée
dárek
le cadeau

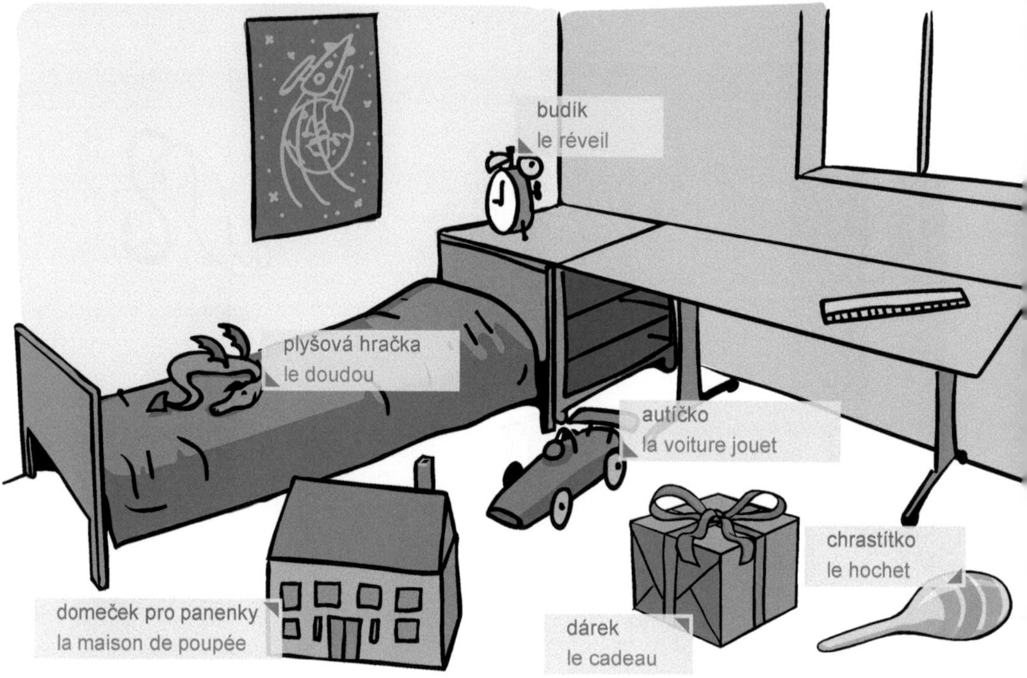

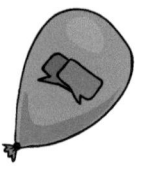

balón

le ballon

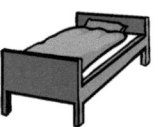

postel

le lit

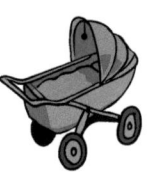

kočárek

la poussette

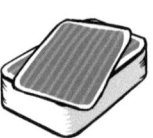

balíček karet

le jeu de cartes

puzzle

le puzzle

SUPER
MEGA

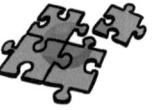

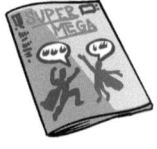

komiks

la bande dessinée

lego kostky

les pièces lego

stavebnice

les blocs de construction

akční figurka

la figurine

dupačky

la grenouillère

frisbee

le frisbee

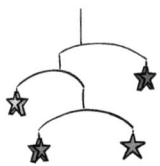

závěsné hračky nad postýlku

le mobile

desková hra

le jeu de société

kostky

le dé

modelová železnice

le train miniature

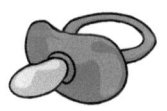

dudlík

la sucette

oslava

la fête

obrázková kniha

le livre d'images

míč

la balle

panenka

la poupée

hrát si

jouer

pískoviště

le bac à sable

houpačka

la balançoire

hračky

les jouets

hrací konzole

la console de jeu

tříkolka

le tricycle

medvídek

l'ours en peluche

šatník

l'armoire

oblečení

les vêtements

ponožky

les chaussettes

punčochy

les bas

punčochové kalhoty

le collant

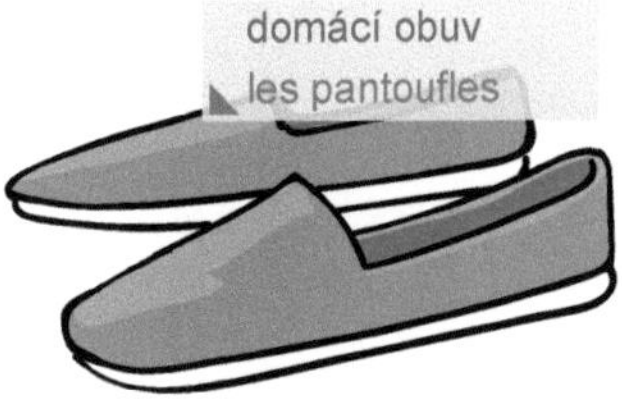

šála
l'écharpe

deštník
le parapluie

tričko
le t-shirt

pásek
la ceinture

kozačky
les bottes

domácí obuv
les pantoufles

tenisky
les baskets

sandály
les sandales

obuv
les chaussures

holínky
les bottes de caoutchouc

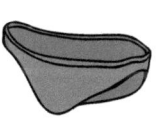

spodní prádlo
les sous-vêtements

podprsenka
le soutien-gorge

nátělník
le maillot de corps

body

le body

kalhoty

le pantalon

džíny

le jean

sukně

la jupe

blůza

le chemisier

košile

la chemise

svetr

le pull

mikina

le sweat à capuche

blejzr

la veste

bunda

la veste

kabát

le manteau

pláštěnka

l'imperméable

kostým

le costume

šaty

la robe

svatební šaty

la robe de mariée

oblek

le costume

noční košile

la chemise de nuit

pyžamo

le pyjama

sárí

le sari

šátek na hlavu

le foulard

turban

le turban

burka

la burqa

kaftan

le caftan

abája

l'abaya

plavky

le maillot de bain

pánské plavky

le maillot de bain

kraťasy

le short

tepláková souprava

la tenue d'entraînement

zástěra

le tablier

rukavice

les gants

knoflík

le bouton

brýle

les lunettes

náramek

le bracelet

náhrdelník

le collier

prsten

la bague

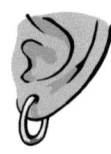

náušnice

la boucle d'oreille

čepice

le bonnet

ramínko

le cintre

klobouk

le chapeau

kravata

la cravate

zip

la fermeture éclair

helma

le casque

kšandy

les bretelles

školní uniforma

l'uniforme scolaire

uniforma

l'uniforme

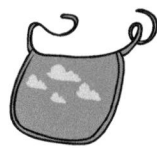

bryndák

le bavoir

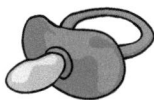

dudlík

la sucette

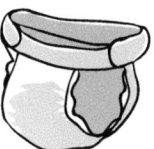

plena

la lange

kancelář

le bureau

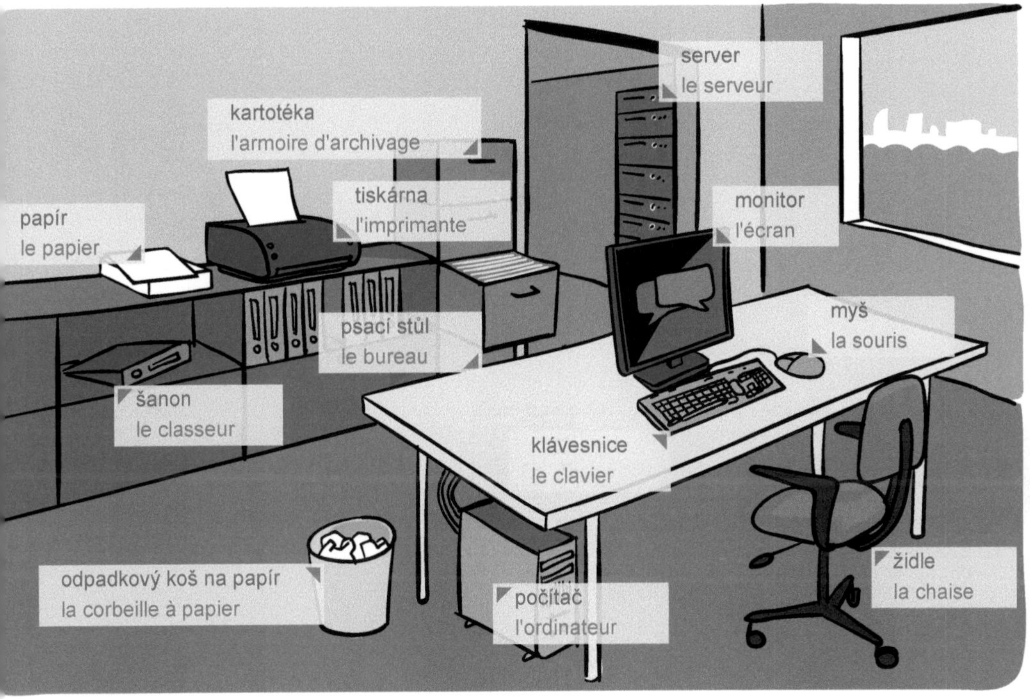
server
le serveur
kartotéka
l'armoire d'archivage
tiskárna
l'imprimante
papír
le papier
monitor
l'écran
myš
la souris
psací stůl
le bureau
šanon
le classeur
klávesnice
le clavier
odpadkový koš na papír
la corbeille à papier
počítač
l'ordinateur
židle
la chaise

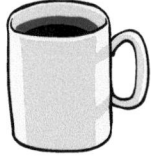

hrnek na kávu

la tasse de café

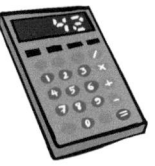

kalkulačka

la calculatrice

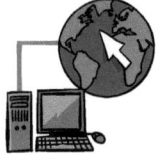

internet

l'internet

notebook

l'ordinateur portable

dopis

la lettre

zpráva

le message

mobil

le portable

síť

le réseau

kopírka

la photocopieuse

software

le logiciel

telefon

le téléphone

zásuvka

la prise

fax

le fax

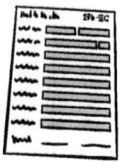

formulář

le formulaire

dokument

le document

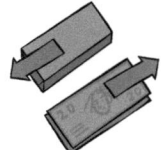

nakupovat

acheter

zaplatit

payer

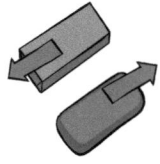

jednat

faire du commerce

peníze

la monnaie

dolar

le dollar

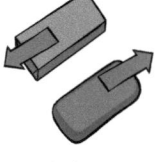

euro

l'euro

jen

le yen

rubl

le rouble

frank

le franc suisse

juan

le renminbi yuan

rupie

la roupie

bankomat

le distributeur automatique

směnárna

le bureau de change

zlato

l'or

stříbro

l'argent

olej

le pétrole

energie

l'énergie

cena

le prix

smlouva

le contrat

daň

la taxe

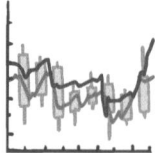

akcie

l'action

pracovat

travailler

zaměstnanec

l'employé

zaměstnavatel

l'employeur

továrna

l'usine

obchod

le magasin

povolání
les professions

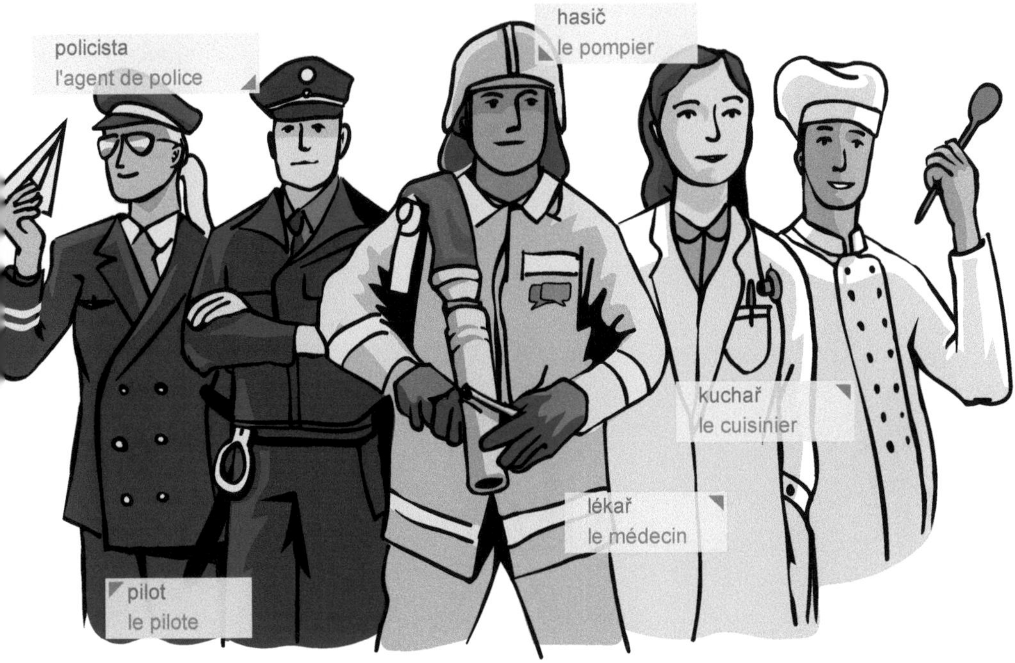
hasič
le pompier
policista
l'agent de police
kuchař
le cuisinier
lékař
le médecin
pilot
le pilote

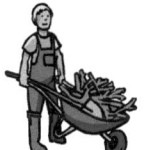

zahradník

le jardinier

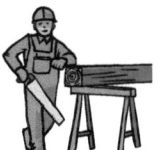

truhlář

le menuisier

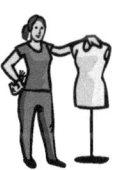

švadlena

la couturière

soudce

le juge

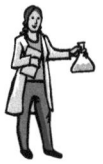

chemik

le chimiste

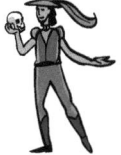

herec

l'acteur

řidič autobusu

le conducteur de bus

řidič taxi

le chauffeur de taxi

rybář

le pêcheur

uklízečka

la femme de ménage

pokrývač

le couvreur

číšník

le serveur

myslivec

le chasseur

malíř

le peintre

pekař

le boulanger

elektrikář

l'électricien

stavební dělník

l'ouvrier

inženýr

l'ingénieur

řezník

le boucher

klempíř

le plombier

listonoš

le facteur

voják

le soldat

architekt

l'architecte

pokladní

le caissier

florista

le fleuriste

kadeřník

le coiffeur

průvodčí

le contrôleur

mechanik

le mécanicien

kapitán

le capitaine

zubař

le dentiste

vědec

le scientifique

rabín

le rabbin

imám

l'imam

mnich

le moine

duchovní

le prêtre

nářadí
les outils

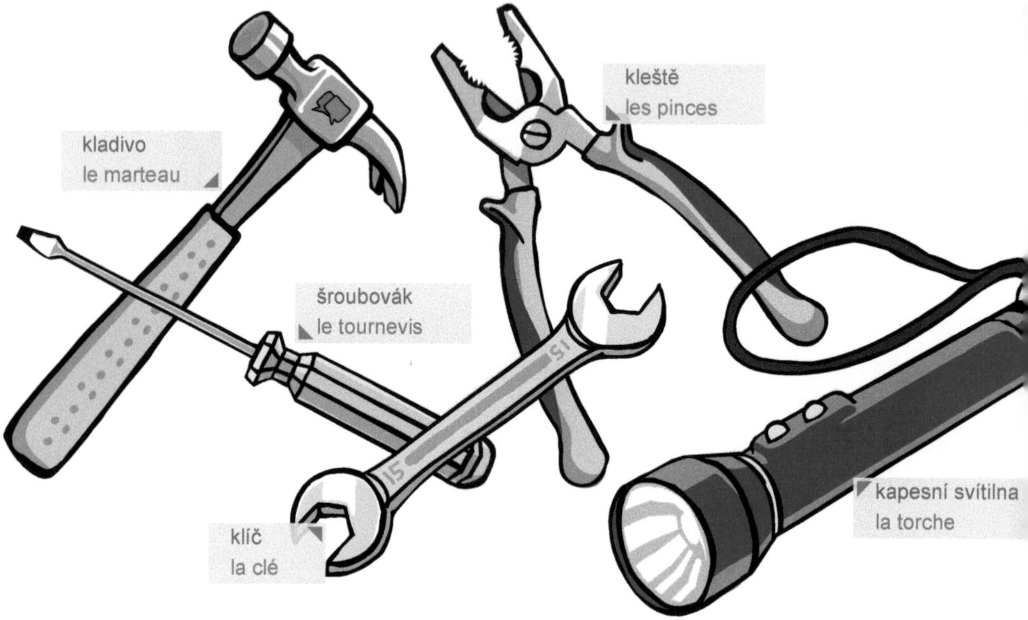
kladivo
le marteau
kleště
les pinces
šroubovák
le tournevis
klíč
la clé
kapesní svítilna
la torche

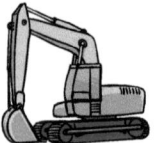

bagr

la pelleteuse

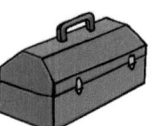

skříň na nářadí

la boîte à outils

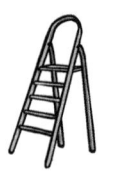

žebřík

l'échelle

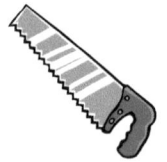

pila

la scie

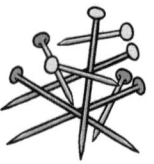

hřebíky

les clous

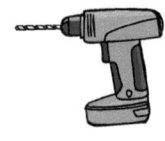

vrtačka

la perceuse

opravit

réparer

lopata

la pelle

Kurva!

Mince !

lopatka

la pelle

vědroé na barvu

le pot de peinture

šrouby

les vis

hudební nástroje

les instruments de musique

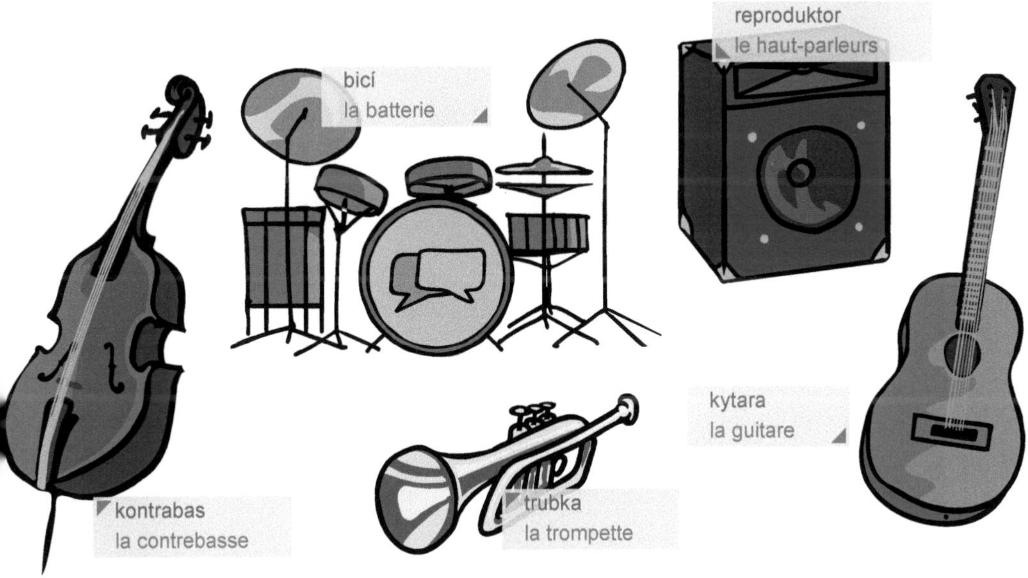

bicí
la batterie

reproduktor
le haut-parleurs

kytara
la guitare

kontrabas
la contrebasse

trubka
la trompette

klavír

le piano

housle

le violon

basa

la basse

tympán

les timbales

bubny

le tambour

keyboard

le piano électrique

saxofon

le saxophone

flétna

la flûte

mikrofon

le microphone

zoo
le zoo

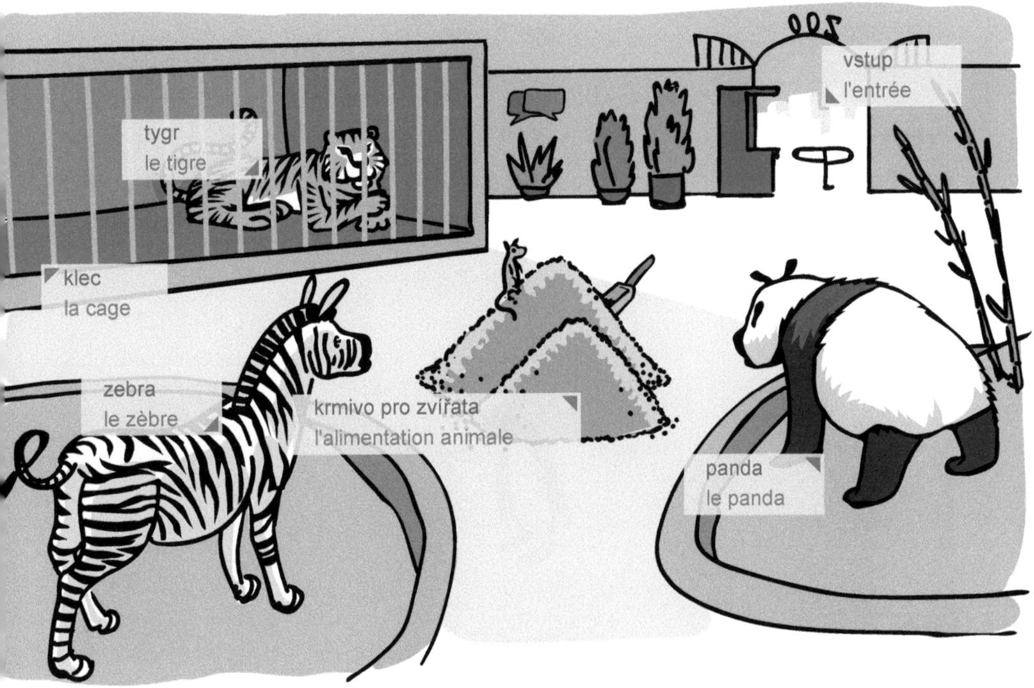

vstup
l'entrée
tygr
le tigre
klec
la cage
zebra
le zèbre
krmivo pro zvířata
l'alimentation animale
panda
le panda

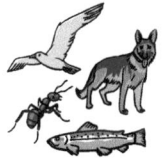

zvířata

les animaux

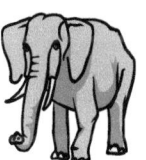

slon

l'éléphant

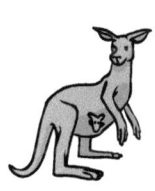

klokan

le kangourou

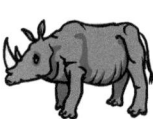

nosorožec

le rhinocéros

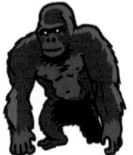

gorila

le gorille

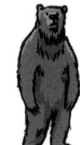

medvěd

l'ours

velbloud

le chameau

pštros

l'autruche

lev

le lion

opice

le singe

plameňák

le flamand rose

papoušek

le perroquet

lední medvěd

l'ours polaire

tučňák

le pingouin

žralok

le requin

páv

le paon

had

le serpent

krokodýl

le crocodile

ošetřovatel zvířat

le gardien de zoo

tuleň

le phoque

jaguár

le jaguar

poník

le poney

leopard

le léopard

hroch

l'hippopotame

žirafa

la girafe

orel

l'aigle

divoké prase

le sanglier

ryby

le poisson

želva

la tortue

mrož

le morse

liška

le renard

gazela

la gazelle

americký fotbal
l'american Football

cyklistika
le cyclisme

tenis
le tennis

košíková
le basket-ball

plavání
la natation

box
la boxe

lední hokej
le hockey sur glace

kopaná
le football

badminton
le badminton

lehká atletika
l'athlétisme

házená
le handball

běh na lyžích
le ski

vodní pólo
le polo

aktivity
les activités

smát se
rire
skočit
sauter
objímat
embrasser
jít
marcher
zpívat
chanter
snít
rêver
modlit se
prier
políbit
faire la bise

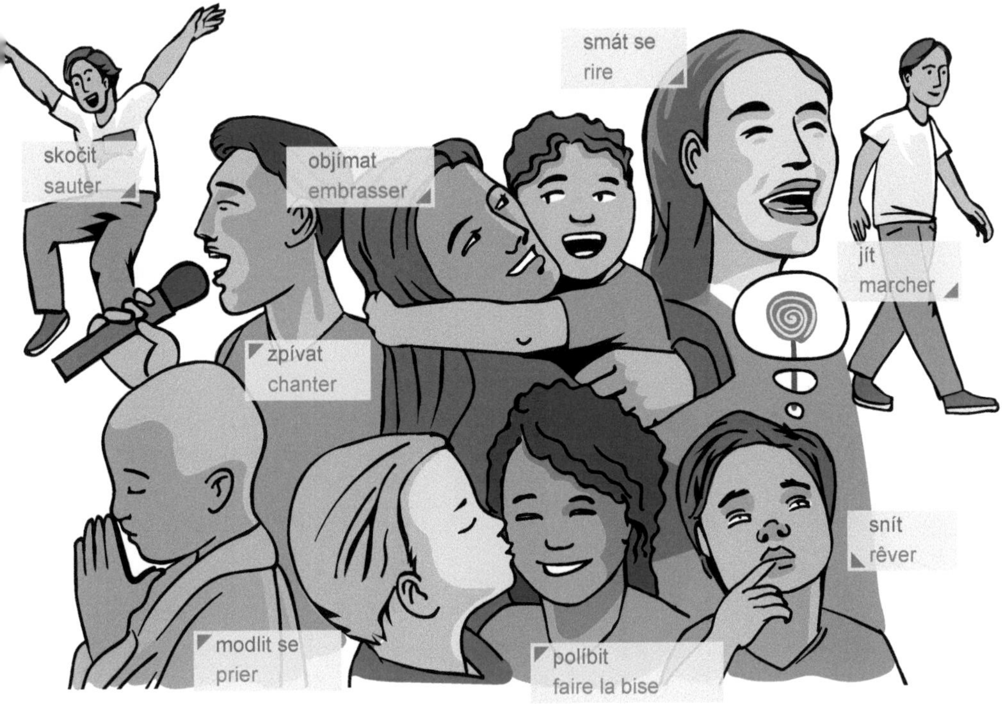

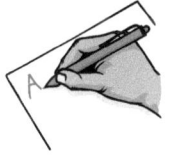

psát

écrire

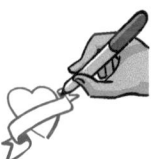

kreslit

dessiner

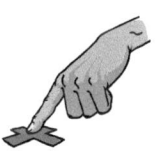

ukazovat

montrer

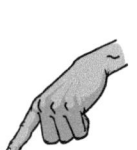

tlačit

pousser

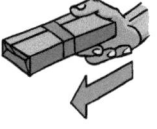

dát

donner

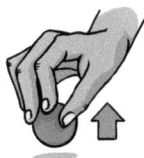

vzít si

prendre

mít
avoir

dělat
faire

být
être

stát
être debout

běhat
courir

táhnout
trier

hodit
jeter

padat
tomber

ležet
être couché

čekat
attendre

nosit
porter

sedět
être assis

oblékat
s'habiller

spát
dormir

vzbudit se
se réveiller

prohlédnout si

regarder

plakat

pleurer

pohladit

caresser

česat

peigner

hovořit

parler

rozumět

comprendre

ptát se

demander

slyšet

écouter

pít

boire

jíst

manger

uklidit

ranger

milovat

aimer

vařit

cuire

jet

conduire

letět

voler

aktivity - les activités 65

plachtit

faire de la voile

počítat

calculer

číst

lire

učit se

apprendre

pracovat

travailler

vzít si

se marier

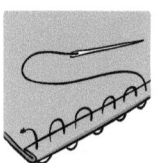

šít

coudre

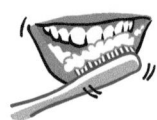

čistit si zuby

brosser les dents

zabít

tuer

kouřit

fumer

poslat

envoyer

rodina
la famille

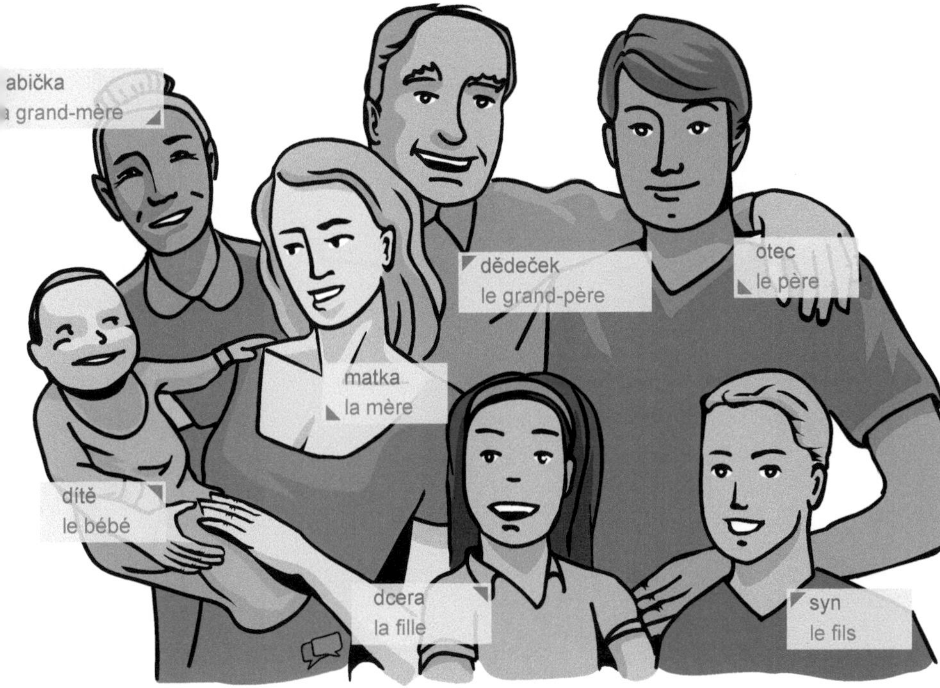
abička
a grand-mère
dědeček
le grand-père
otec
le père
matka
la mère
dítě
le bébé
dcera
la fille
syn
le fils

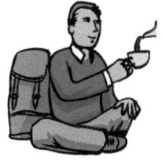

host

l'hôte

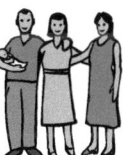

teta

la tante

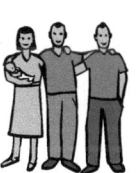

strýc

l'oncle

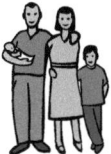

bratr

le frère

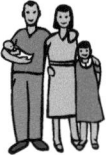

sestra

la sœur

tělo

le corps

čelo
le front
oko
l'œil
rameno
l'épaule
prst
le doigt
obličej
le visage
brada
le menton
ruka
la main
dolní končetina
la jambe
hruď
la poitrine
paže
le bras

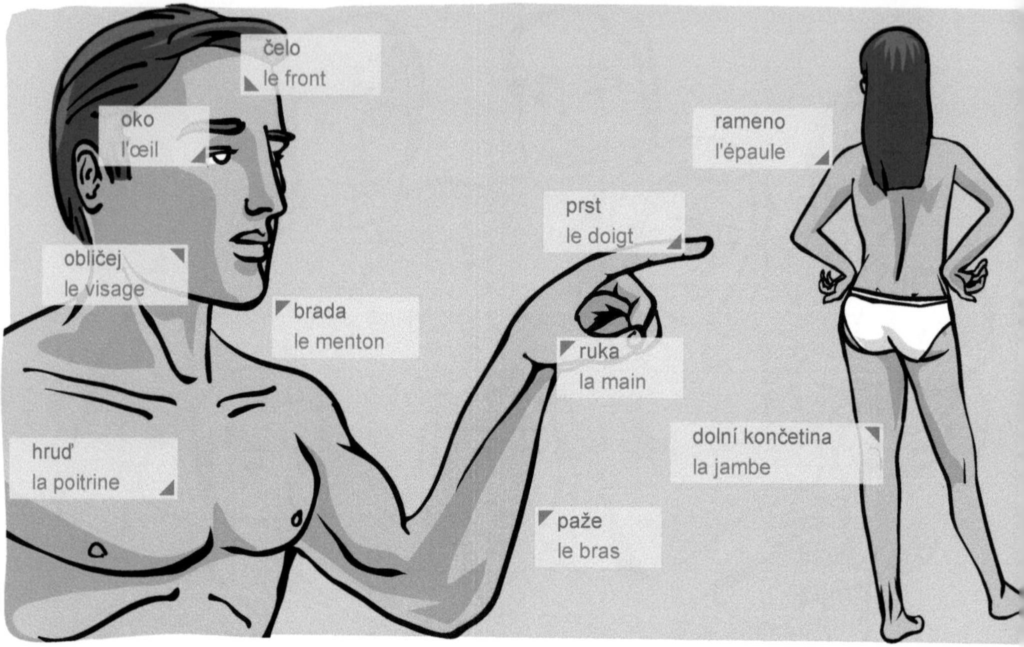

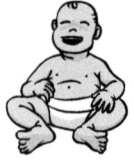

dítě

le bébé

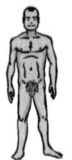

muž

l'homme

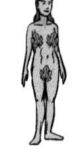

žena

la femme

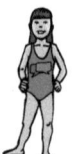

dívka

la fille

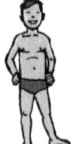

chlapec

le garçon

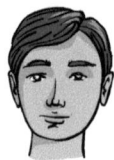

hlava

la tête

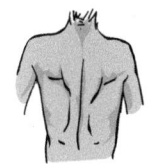

záda
le dos

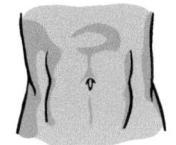

břicho
le ventre

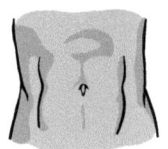

pupík
le nombril

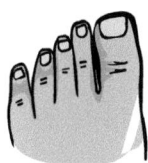

prst na noze
l'orteil

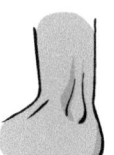

pata
le talon

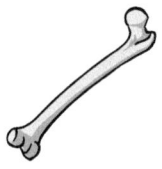

kost
l'os

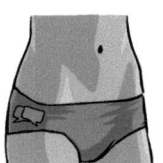

bok
la hanche

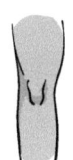

koleno
le genou

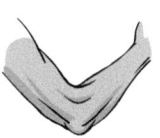

loket
le coude

nos
le nez

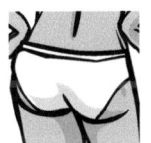

zadek
les fesses

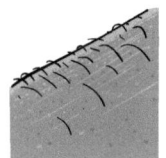

kůže
la peau

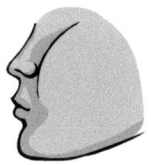

tvář
la joue

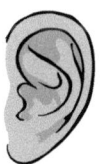

ucho
l'oreille

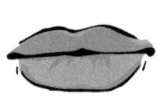

ret
la lèvre

tělo - le corps

ústa

la bouche

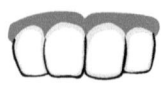

zub

la dent

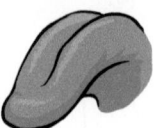

jazyk

la langue

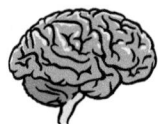

mozek

le cerveau

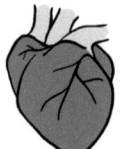

srdce

le cœur

sval

le muscle

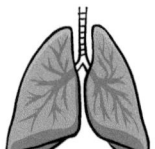

plíce

les poumons

játra

le foie

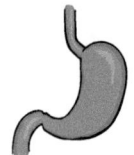

žaludek

l'estomac

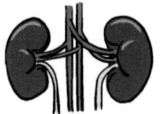

ledviny

les reins

pohlavní styk

le rapport sexuel

kondom

le préservatif

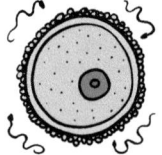

vajíčko

l'ovule

sperma

le sperme

těhotenství

la grossesse

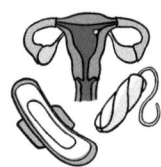

menstruace

la menstruation

vagina

le vagin

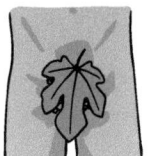

penis

le pénis

obočí

le sourcil

vlasy

les cheveux

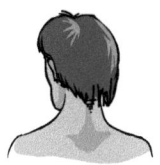

krk

le cou

nemocnice
l'hôpital

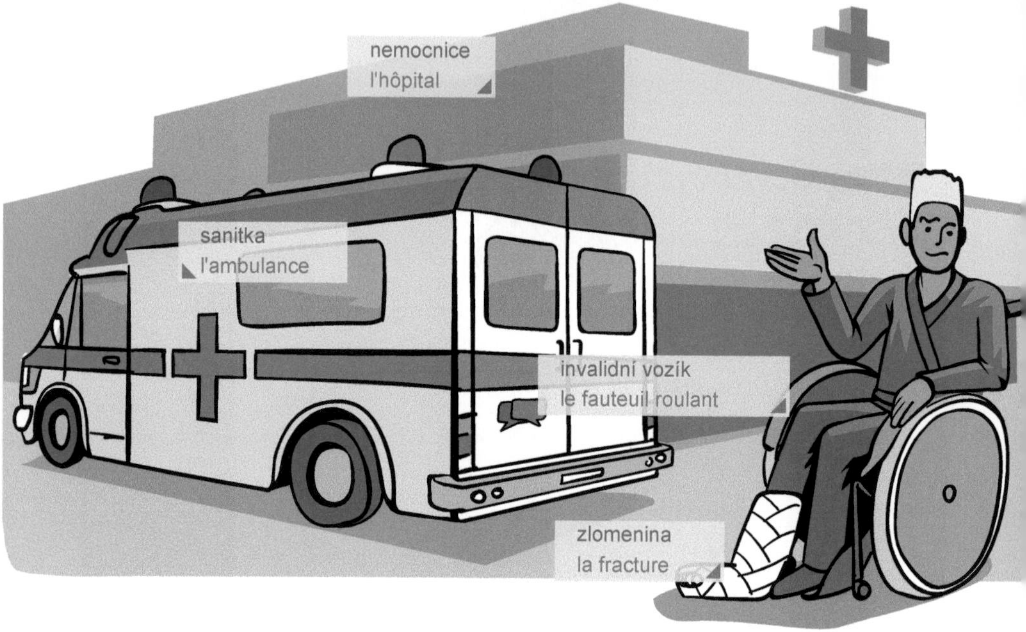

nemocnice
l'hôpital
sanitka
l'ambulance
invalidní vozík
le fauteuil roulant
zlomenina
la fracture

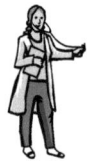

lékař

le médecin

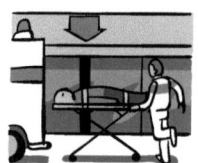

pohotovost

le service des urgences

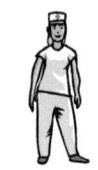

zdravotní sestra

l'infirmière

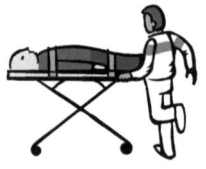

urgentní případ

l'urgence

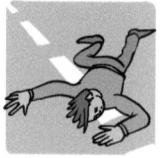

v bezvědomí

inconscient

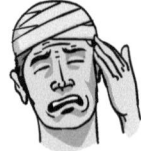

bolest

la douleur

úraz

la blessure

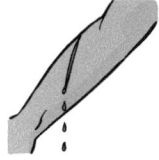

krvácení

l'hémorragie

infarkt myokardu

la crise cardiaque

cévní mozková příhoda

l'attaque cérébrale

alergie

l'allergie

kašel

la toux

horečka

la fièvre

chřipka

la grippe

průjem

la diarrhée

bolest hlavy

le mal de tête

rakovina

le cancer

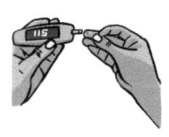

cukrovka

le diabète

chirurg

le chirurgien

skalpel

le scalpel

operace

l'opération

CT
le CT

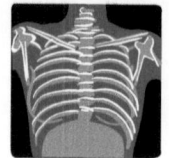

rentgen
la radiographie

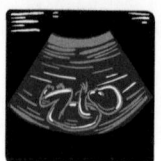

ultrazvuk
l'échographie

maska
le masque

nemoc
la maladie

čekárna
la salle d'attente

berle
la béquille

náplast
le pansement

obvaz
le pansement

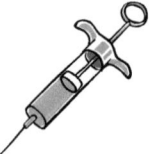

injekce
l'injection

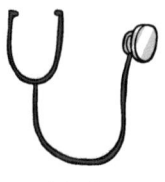

stetoskop
le stéthoscope

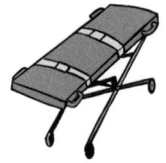

nosítka
le brancard

teploměr
le thermomètre

porod
l'accouchement

nadváha
la surcharge pondérale

naslouchátko

l'appareil auditif

dezinfekční prostředek

le désinfectant

infekce

l'infection

virus

le virus

HIV / AIDS

le VIH / le sida

lékařství

le médicament

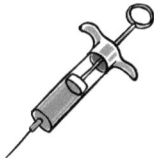

očkování

la vaccination

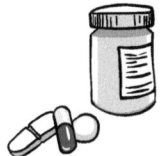

tablety

les comprimés

pilulka

la pilule

tísňové volání

l'appel d'urgence

tonometr

le tensiomètre

nemocný / zdravý

malade / sain

Pomoc!

Au secours !

poplach

l'alarme

přepadení

l'assaut

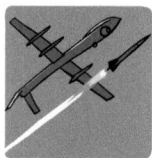

napadení

l'attaque

nebezpečí

le danger

nouzový východ

la sortie de secours

Hoří!

Au feu!

hasicí přístroj

l'extincteur

nehoda

l'accident

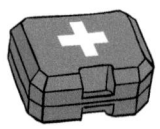

zdravotnická brašna

la trousse de premier
secours

SOS

SOS

policie

la police

Evropa

l'Europe

Severní Amerika

l'Amérique du Nord

Jižní Amerika

l'Amérique du Sud

Afrika

l'Afrique

Asie

l'Asie

Austrálie

l'Australie

Atlantik

l'Océan atlantique

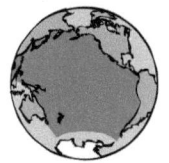

Pacifik

l'Océan pacifique

Indický oceán

l'Océan indien

Jižní ledový oceán

l'Océan antarctique

Severní ledový oceán

l'Océan arctique

severní pól

le Pôle nord

jižní pól

le Pôle sud

Antarktida

l'Antarctique

země

la terre

pevnina

le pays

moře

la mer

ostrov

l'île

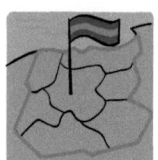

národ

la nation

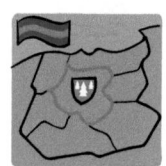

stát

l'état

ciferník

le cadran

hodinová ručička

l'aiguille des heures

minutová ručička

l'aiguille des minutes

vteřinová ručička

l'aiguille des secondes

Kolik je hodin?

Quelle heure est-il ?

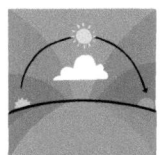

den

le jour

čas

le temps

teď

maintenant

digitální hodinky

la montre digitale

minuta

la minute

hodina

l'heure

týden
la semaine

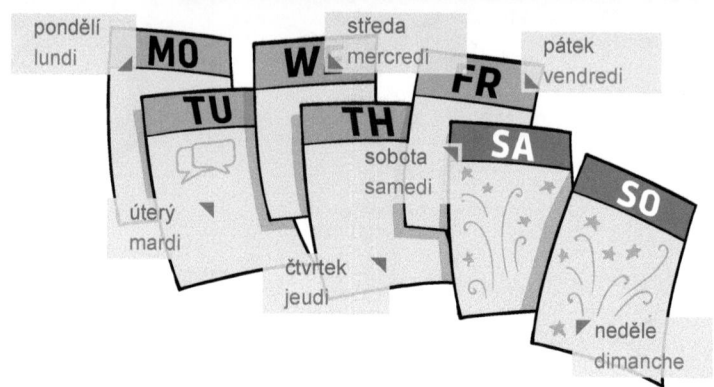

pondělí / lundi
úterý / mardi
středa / mercredi
čtvrtek / jeudi
pátek / vendredi
sobota / samedi
neděle / dimanche

včera

hier

dnes

aujourd'hui

zítra

demain

ráno

le matin

poledne

le midi

večer

le soir

pracovní dny

les jours ouvrables

víkend

le week-end

rok
l'année

déšť
la pluie
duha
l'arc-en-ciel
sníh
la neige
vítr
le vent
jaro
le printemps
léto
l'été
podzim
l'automne
zima
l'hiver

4.APRIL 11°
5.APRIL 4°
6.APRIL 13°
7.APRIL 8°
8.APRIL 10°

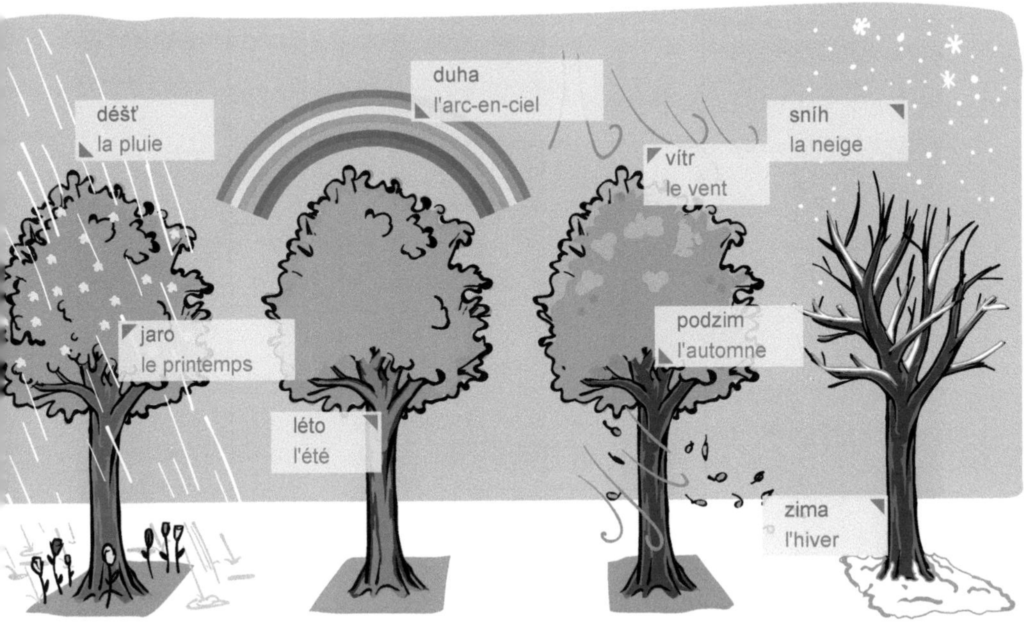

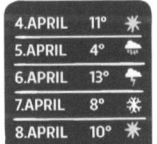

předpověď počasí

la météo

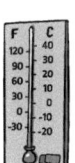

teploměr

le thermomètre

sluneční svit

la lumière du soleil

mrak

le nuage

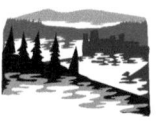

mlha

le brouillard

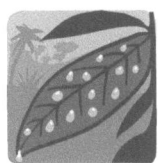

vlhkost

l'humidité

blesk

la foudre

hrom

la tonnerre

bouřka

la tempête

kroupy

la grêle

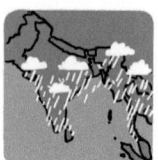

monzun

la mousson

povodeň

l'inondation

led

la glace

leden

janvier

únor

février

březen

mars

duben

avril

květen

mai

červen

juin

červenec

juillet

srpen

août

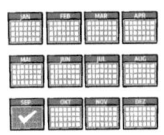

zář í
....
septembre

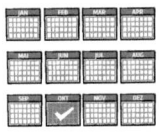

říjen
....
octobre

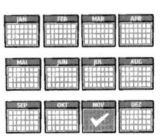

listopad
....
novembre

prosinec
....
décembre

tvary

les formes

kruh
....
le cercle

čtverec
....
le carré

obdélník
....
le rectangle

trojúhelník
....
le triangle

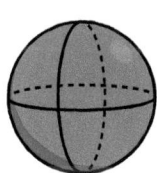

koule
....
la sphère

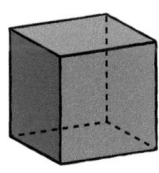

krychle
....
le cube

bílá
....
blanc

žlutá
....
jaune

oranžová
....
orange

růžová
....
rose

červená
....
rouge

fialová
....
violet

modrá
....
bleu

zelená
....
vert

hnědá
....
marron

šedá
....
gris

černá
....
noir

hodně / málo

beaucoup / peu

rozzuřený / mírumilovný

fâché / calme

krásný / ošklivý

joli / laid

začátek / konec

le début / la fin

velký / malý

grand / petit

světlý / tmavý

clair / obscure

bratr / sestra

frère / soeur

čistý / špinavý

propre / sale

úplný / neúplný

complet / incomplet

den / noc

le jour / la nuit

mrtvý / živý

mort / vivant

široký / úzký

large / étroit

jedlý / nejedlý

comestible / incomestible

zlý / hodný

méchant / gentil

vzrušený / znuděný

excité / ennuyé

tlustý / hubený

gros / mince

nejdříve / naposledy

le premier / le dernier

přítel / nepřítel

l'ami / l'ennemi

plný / prázdný

plein / vide

tvrdý / měkký

dur / souple

těžký / lehký

lourd / léger

hlad / žízeň

faim / soif

nemocný / zdravý

malade / sain

ilegální / legální

illégal / légal

inteligentní / hloupý

intelligent / stupide

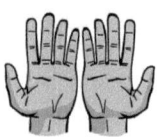

vlevo / vpravo

gauche / droite

blízko / daleko

proche / loin

nový / použitý

nouveau / usé

nic / něco

rien / quelque chose

starý / mladý

vieux / jeune

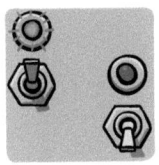

zapnutý / vypnutý

marche / arrêt

otevřeno / zavřeno

ouvert / fermé

tichý / hlasitý

faible / fort

bohatý / chudý

riche / pauvre

správný / špatný

correct / incorrect

drsný / hladký

rugueux / lisse

smutný / šťastný

triste / heureux

krátký / dlouhý

court / long

pomalý / rychlý

lent / rapide

vlhký / suchý

mouillé / sec

teplý / chladný

chaud / froid

válka / mír

la guerre / la paix

čísla

les nombres

0

nula

zéro

1

jedna

un / une

2

dva

deux

3

tři

trois

4

čtyři

quatre

5

pět

cinq

6

šest

six

7

sedm

sept

8

osm

huit

9

devět

neuf

10

deset

dix

11

jedenáct

onze

12

dvanáct

douze

13

třináct

treize

14

čtrnáct

quatorze

15

patnáct

quinze

16

šestnáct

seize

17

sedmnáct

dix-sept

18

osmnáct

dix-huit

19

devatenáct

dix-neuf

20

dvacet

vingt

100

sto

cent

1.000

tisíc

mille

1.000.000

milion

le million

les langues

angličtina

l'anglais

americká angličtina

l'anglais américain

standardní čínština

le chinois mandarin

hindština

le hindi

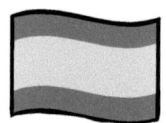

španělština

l'espagnol

francouzština

le français

arabština

l'arabe

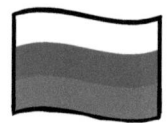

ruština

le russe

portugalština

le portugais

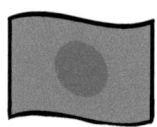

bengálština

le bengali

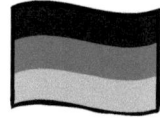

němčina

l'allemand

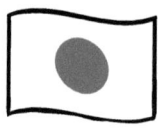

japonština

le japonais

já
je

ty
tu

on / ona / ono
il / elle / ce, c', cela

my
nous

vy
vous

oni
ils / elles

Kdo?
Qui ?

Co?
Quoi ?

Jak?
Comment ?

Kde?
Où ?

Kdy?
Quand ?

jméno
le nom

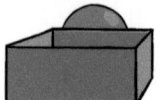

za

derrière

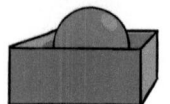

do

dans

z

devant

nad

au-dessus

na

sur

mezi

en-dessous

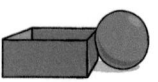

vedle

à côté de

mezi

entre

místo

le lieu